キリストきょう　どうとく　ふくどくほん

しょうがっこう　一ねん、二ねん

なかよく

燦《さん》葉《よう》出《しゅっ》版《ぱん》社《しゃ》

はじめに

このほんは、『せいしょ』のじゅぎょうでつかいます。してよいこと、してはいけないことなどを、いっしょにかんがえます。

このほんは、つぎのことを、たいせつにして、かかれています。

1　かみさまを　たいせつにしましょう。

2　おともだちと　なかよくしましょう。

3　のびのびと　せいかつしましょう。

このほんは、かぞくのかたにも、よんでいただきたいとおもって、かかれています。

せいしょの　ことばは、『しんきょうどうやく　せいしょ』を　つかっています。

もくじ

創造《そうぞう》

「ひかりあれ」

「はじめに、かみは　てんちを　そうぞうされた。」（そうせいき　一・一）

このせかいが、つくられる　まえから
かみさまは、かみのくにに　おられました。
このよは、さいしょ、ただ　まっくらやみでした。

「ひかり　あれ」と　かみさまが、ことばを　はっされると、
あかるい　せかいが　みえてきました。あさです。
このせかいは、かみさまのことばで、つくられました。
「おもいどおりにできた」と　かみさまは　おっしゃいました。
これが　だいいちにちです。にちようびです。

かみさまは、いわれました。

「みずが、できよ。みずよ、うえと　したに　わかれよ。」

すると、うえには、くもにおおわれた　おおぞらと　したには、みずに　すっぽり　おおわれた　ちきゅうが　あらわれました。

かみさまは、「おもいどおりにできた」と　おっしゃいました。

これが　だいににちです。これがげつようびです。


つぎに、かみさまは　いわれました。

「みずが　ひくいところに　あつまり、じめんが　あらわれよ。」

すると　じめんが　あらわれました。

さらに　かみさまは　こえを　はっして　いわれました。

「くさやきが、あらわれよ。くだものの　きも　あらわれよ。」

かみさまは、おっしゃいました。

「おもいどおりに、よくできた。」

これが、だいさんのひです。これが、かようびです。

つぎに、かみさまは、
「たいようと　つきと　ほしが　できよ」といわれました。
あかるい　たいようと
よるになると、うつくしいつきと　むすうの　ほしが　かがやきました。
「なんと　うつくしいことか。よくできた。」
これが　だいよんのひで　すいようびです。

つぎに　かみさまは、いわれました。
「みずのなかには　むすうの　さかなが　およげ、
おおぞらには　とりが　とびかえ。こをうみ、どんどん
ふえよ。」
そのように　なりました。
これが　だいごのひです。
もくようびです。

だいろくのひに　なりました。
「かちくや　いろいろな　どうぶつができよ。
そして　わたしのすがたに　にた　にんげんが　できよ。
おとこと　おんなとになれ。」
さらに　かみさまは　おっしゃいました。
「わたしは　にんげんを　とくべつに　しゅくふくする。
にんげんよ、わたしがつくった　このせかいを
わたしの　こころに　かなうように、　ただしく　おさめなさい。」
そして　かみさまは　いわれました。
「すべて　わたしが　おもうように　うまくできた。
これでよいのだ。」

かみさまは　せかいが　ただしく　よくできているのをみて、
たいへん　よろこばれました。これがきんようびです。

つぎのひに、かみさまは　おやすみになられました。

これが　だいななのひで　とくべつに　しゅくふくされました。
これがどようびです。
このせかいは　かみさまの　すばらしい　さくひんです。
ひとは　このせかいを　かみさまのこころに　かなうように
ただしく　おさめなくてはなりません。

かんがえてみよう

1　かみさまが、うつくしく　せかいをつくったのに、にんげんが　よごしていないでしょうか。
たとえば、うみが　よごれていないでしょうか。

2　さいきんは、きおんが　じょうしょうしています。なぜでしょうか。

かみさま　ありがとう

「しゅを　ほめたたえよ。」（ししき　五・二）

てんちを　つくってくださった　かみさまを
ほめたたえます。
すべてを　ちょうど　よいように　つくってくださ
りありがとう。
わたしたちは　ちちなるかみさまと
こなるかみさまである　イエス・キリストさまを
ほめたたえます。

かみさまは　たいようと　つきと　ほしを
つくってくださいました。
わたしたちが　ねむっているあいだも、　つきや　ほしを

（祈《いの》り）

まもってくださって　ありがとう。
あさになると　あかるいひかりを　くださって
ありがとう。
そらも　くもも　くうきも　あめも　ゆきも
みな　かみさまを　ほめたたえているようです。

わたしたちが　わるいことをしても、
かみさまは、「これからは　きをつけるのだよ」と
やさしく　ゆるしてくださって　ありがとう。
おともだちが　わたしに　わるいことをしても、
わたしも　ゆるしてあげます。
イエスさまの　おなまえによって　おいのりします。
アーメン。

せつめい　せいしょでは、「ありがとう」のかわりに、「ほめたたえます」といういいかたをすることがあります。「ありがとう」と「ほめたたえます」のりょうほうの　いいかたをおぼえましょう。たとえば、
「このしょくじを　あたえて　くださった　かみさまを　ほめたたえます」と「このしょくじを　ありがとう」の、二《ふた》つのいいかたは、おなじいみです。

かんがえてみよう

1　しょくじの　まえの　いのりをかんがえてみましょう。

2　よる　ねるまえの　いのりをかんがえてみましょう。

3　「しゅのいのり」をしっていますか。

おともだちになろうよ

（おもいやり）

「わたしはあなたがたを友《とも》とよぶ。」（ヨハネによるふくいんしょ　一五・一五）

よしおくんは、教室《きょうしつ》の、右《みぎ》のはし、
前《まえ》から　二ばんめの　せきに　すわっています。
体《からだ》が　小《ちい》さくて　めだちません。
メガネをかけていて、いつも　しずかにしています。
でも、学校《がっこう》が　だいすきです。

先生《せんせい》が、
「このもんだいが、わかる人　いますか？」
と言《い》うと、
はい、はい、はい、はい、はい
と、みんなが　いっせいに、大声《おおごえ》を　はりあげるときも、よしおくんは、しずかにしています。
休《やす》み時間《じかん》になると、
前《まえ》のせきにいる　あきちゃんは、うしろにいる
ともちゃんに
「ねえ、ともちゃん、いっしょにきて！」と大声《おおごえ》
で　言《い》います。
どこへいくのかな？　外《そと》かな？　ろうかかな？
でも、よしおくんは、しずかです。だれもさそ
ってくれません。
いるのか　いないのか　わからないくらい　し
ずかです。

「きょうは、天気《てんき》がいいから、みんな　外《そと》に出《で》て
あそびましょう」
と、先生《せんせい》が言《い》うものだから、よしおくんも　外《そと》に

出《で》ました。

あきらくんと　つばさくんが、サッカーのチームを作《つく》りました。
じょうずな子《こ》は、みな　えらばれて、二《ふた》つのチームができました。
よしおくんは、のこりました。
すぐに、しあいが　はじまりました。

きゅう食《しょく》の時間《じかん》です。
よしおくんは、きゅう食《しょく》が　だいすきです。
みんな　わいわい　たのしそうに、いただきます。
それを　見《み》ているだけでも、よしおくんは、うれしいのです。
そこに　よしおくんが　いるのを　だれも気《き》づかないのかしら。
そうです。だれも気《き》づかないくらい、よしおくんは　しずかです。

月《げつ》ようびのあさ、先生《せんせい》が、
「あたらしい　お友《とも》だちです。てんこうせいの　かわむらくんです」

と、言《い》って、ひっこしてきた子《こ》を、しょうかいしました。

「かわむら　しげたです。よろしく　おねがいします。」

みんなが、クスクスわらいました。はつおんが、ちがうからです。

とおいところから、ひっこして来《き》ました。

先生《せんせい》が、みんなに、わらわないように　ちゅういしました。

よしおくんは、わらいませんでした。

「かわむらくん、ぼく　よしお。あそぼ。」

かわむらくんは、びっくりしました。自分《じぶん》と　おなじ　ほうげんだから。

「うん。あそぼ。」

ふたりで　こうていに　出《で》ました。

よしおくんは、かわむらくんに、言《い》いました。

「ぼくね。お友《とも》だちが、いないの。」


かわむら　しげたくんは、言《い》いました。

「どうして？　ほうげんが　ちがうから？　はずかしいの？」

「そうじゃなくてね。ぼくは　小《ちい》さいから。」

「そうなの。じゃあ、ぼくが　お友《とも》だちに　なってあげるね。」
「うん。ありがとう。」

それから　二人《ふたり》は　なかよくなりました。
そして、一《いち》がっきが、おわるころには、
よしおくんも、しげたくんも、ほかの　お友《とも》だちと、
よくあそぶようになりました。
よしおくんは、やはりしずかな子《こ》です。
でも、いつのまにか、クラスのみんなに　とけこんでいました。

かんがえてみよう

1　お友《とも》だちの中《なか》には、いろいろな　せいしつの子《こ》がいます。すべて、かみさまから　あたえられた、たいせつな　せいしつです。おとなしい子《こ》とも、なかよくしましょう。

2　がいこくからきた子《こ》、ひっこししてきた子《こ》、ことばの　はつおんのしかたがちがう子《こ》、声《こえ》の小《ちい》さな子《こ》、体《からだ》の小《ちい》さな子《こ》、目《め》や耳《みみ》のよくない子《こ》にもしんせつにしましょう。

3

イエスさまは、「わたしは、あなたがたを、友《とも》とよぶ」とおっしゃいました。（ヨハネによるふくいんしょ　一五・一五）イエスさまが、わたしたちを　友《とも》だちとおもうということは、どういうことでしょうか。

『わたしと　あそんで』（エッツさく）

（共生《きょうせい》）

「人《ひと》にしてもらいたいと　おもうことは、なんでも、あなたがたも人《ひと》にしなさい。」（マタイによるふくいんしょ　七・一二）

あさひが　のぼって、くさに　つゆが　ひかりました。
わたしは　はらっぱへ　あそびに　いきました。

ばったが　一《いっ》ぴき、くさの　はに　とまって、
むちゅうで　あさごはんを　たべていました。
「ばったさん、あそびましょ。」
わたしが　つかまえようとすると、
ばったは　ぴょんと　とんでいってしまいました。

かえるが　一《いっ》ぴき　いけの　ちかくでじっとしています。
かを　つかまえようと　まちぶせしています。

「かえるさん、あそびましょ。」
かえるも　ぴょん　ぴょん　はねて　いってしまいました。

かめが　一《いっ》ぴき、まるたんぼうの　さきで
ひなたぼっこを　していました。
「かめさん、あそびましょ。」
わたしが　つかまえようとすると、ぷくりと　みずの　なかに
もぐってしまいました。

りすが　一《いっ》ぴき、かしのきの　したで、かしのみを　かじっていました。
「りすさん、あそびましょ。」
わたしが　かけよると、りすは、　きの　うえに
のぼっていってしまいました。

かけす（ちゅう1）が　一《いち》わ、かしのきの　えだに　とんできて、
があがあ　やかましく　なきだしました。

「かけすさん、あそびましょ。」
わたしが　てを　さしだすと、
かけすも　さっと　とんでいってしまいました。

うさぎが　一《いっ》ぴき　かしのきの　かげに　しゃがみ、
はなを　ぴくぴくさせて、おはなを　たべはじめました。
「うさぎさん、あそびましょ。」
うさぎは　もりの　ほうへ　はねていってしまいました。

へびが　一《いっ》ぴき、くさの　あいだを　とおって、
じぐざぐ　ずるずる　やってきました。
「へびさん、あそびましょ。」
へびは　じぶんの　あなの　なかへ、かくれてしまいました。

だあれも　だあれも　あそんでくれない。

わたしが　おとを　たてずに　こしかけていると、
ばったが　もどってきて、くさの　はに　とまりました。
かえるも　もどってきて、くさむらに　しゃがみました。
のろまの　かめも　もとの　まるたんぼうに
はいあがってきました。

りすも　もどってきて　わたしを　みつめ、
おしゃべりを　はじめました。
あたまの　うえのかしのきの　えだに、
かけすも　もどってきました。
うさぎも　もどってきて、わたしの　そばで
ぴょん　ぴょん　はねました。
へびも　あなから　するする　でてきました。

わたしが　そのまま　おとを　たてずに　じっとしていると、
だあれも　だあれも　もう　こわがって

にげたりは　しませんでした。
そのとき、しかの　あかちゃんが　一《いっ》ぴき　しげみの　なかから
かおを　だして、わたしを　みつめました。
じっとしていると、しかの　あかちゃんは、
もっと　ちかよってきて、わたしの　ほっぺたを　なめました。

ああ　わたしは　いま、とっても　うれしいの。
なぜかって、みんなが　みんなが　わたしと
あそんでくれるから。

（ちゅう1）「かけす」は、はとより　すこしちいさい　とりです。

ただしがき

このお話は、マリー・ホール・エッツという人《ひと》が、ぶんとえをかいた『わたしと　あそんで』（よだ・じゅんいち訳《やく》、福音館書店《ふくいんかんしょてん》、二〇〇八年、八二刷《ずり》）という絵本《えほん》のぶんしょうを引用《いんよう》した一部《いちぶ》を

みじかくしたものです。

マリー・ホール・エッツは、一八九五年《ねん》に生《う》まれ、一九八四年《ねん》になくなりました。アメリカ人《じん》です。ウィスコンシンしゅうの小《ちい》さな町《まち》に生《う》まれ、おさないときから、どうぶつたちとなかよくしました。

かんがえてみよう

1 「あそびましょ」と 言《い》っているのに、なぜ どうぶつたちは、にげていってしまったのでしょうか。

2 この子《こ》が じっとしていると、なぜ どうぶつたちは、よってきたのでしょうか。

3 イエスさまが、「人にしてもらいたいと思《おも》うことは何《なん》でも、あなたがたも人《ひと》にしなさい。」(マタイ 七・一二)と 教《おし》えています。どうぶつたちは この子《こ》に なにをしてほしかったのでしょうか。

「ごめんね」

（ゆるし）

「まず行《い》って　兄弟《きょうだい》と　なかなおりをし、それから帰《かえ》ってきて、そなえものを　ささげなさい。」（マタイによるふくいんしょ　五・二四）

じどう公園《こうえん》で、あきらくんは、しょうくんを　まっていました。いっしょに　なわとびの　れんしゅうをするためでした。

「あきらくん、おまたせ。」

しょうくんが、やってきました。二人《ふたり》は、大《だい》のなかよしで、いつもいっしょにあそんでいます。てつぼうの　よこの　少しあいたところで、れんしゅうをはじめようとしたとき、とつぜん　ようちえんじの男《おとこ》の子《こ》が三人走《さんにんはし》ってきて、一人《ひとり》の子《こ》が、おされて　しょうくんに　ぶつかりました。

「あっ」とさけんで、しょうくんはたおれ、そのひょうしに、もっていたなわとびが、手からはなれ、あきらくんの　ひたいに　あたりました。

「いたい。なにするんだよぉ！」

あきらくんは、ひたいを　おさえながらおこって、しょうくんに、いいました。

「ぼくじゃないの。あの子たちが……」

　三人の男の子たちは、きゃーきゃーいいながら、もう　あっちのほうに、行《い》ってしまいました。しょうくんは、たおされただけで、すぐにたちあがりました。どこもけがはしていません。

　でも、あきらくんは、ひたいをおさえて、いたそうです。


「もうかえる。」

　あきらくんは、ひたいをおさえながら、ふくれっつらをして、おうちにかえって行《ゆ》きました。

　お母《かあ》さんが、ぬれたタオルでひやし、てあてをしてくれました。

「あきら。話《はなし》を聞《き》くかぎり、しょうくんがわるいわけではなさそうね。」

「だって、しょうくんのなわとびが、ぼくにとんできたんだよ。しょうくんがわるいよ。」

お母《かあ》さんは、三人《さんにん》の男《おとこ》の子《こ》が、まわりを よくかくにんしないで、走《はし》りまわり、しょうくんにぶつかったのが、げんいんだとわかりました。

「でもね、お母《かあ》さん、ぼくすごくいたかったんだよ。」

「そうね。とんだ さいなん だったね。こんなコブができたんだもんね。でも、しょうくんは、あきらにあやまったのでしょ。」

「ちがうよ。しょうくんは、あの三人《さんにん》の男《おとこ》の子《こ》が、わるいんだって いっただけだよ。」

「えっ、そうなの？ お母《かあ》さんなら、そういうばあい、自分《じぶん》が わるくないと おもっても、『ごめんね』って言《い》うけどね。」

「しょうのやつ、ごめんって言《い》わなかったよ。ものすごく いたかったのに。それで よけいはらがたって……。」

「あきらのきもちが、お母《かあ》さんは、よくわかるわ。人間《にんげん》って、自分《じぶん》の体《からだ》を、きずつけられると、だれだって、おこるよね。」

「うん。」

あきらくんは、お母《かあ》さんが、わかってくれたので、少《すこ》し きぶんがやわらぎました。

そのとき、ピンポーンとげんかんのチャイムがなりました。

しょうくんが、立《た》っていました。

「おばちゃん、これあきらくんのなわとびです。じどう公園《こうえん》に、あきらくんが、わすれてかえってしまったから、もってきました。」

「まあ、それはありがとう。」

「おばちゃん、あきらくんは、だいじょうぶですか。」

「だいじょうぶよ。」

そこに、あきらくんが、出《で》てきました。

すると、しょうくんは
「さっきは　ごめんね。いたかったでしょう。ぼくは、どうしてよいか、わからなかったので、なにもできなくて、ごめんね。」

あきらくんは、しょうくんが「ごめんね」というのを聞《き》いて、心《こころ》がすーっと　はれました。

お母《かあ》さんが、

「さあ、しょうくん、あがって。おやつをいただきましょ」

と言《い》うので、あきらくんも　しょうくんも　すっかり元気《げんき》になりました。

かんがえてみよう

1　しょうくんは、自分《じぶん》がなにもわるくないのに、なぜ「ごめんね」と言《い》ったのでしょうか。

2　あきらくんは、なぜそれほど、はらをたてたのでしょうか。

わるふざけ

（いじめ）

「よい人《ひと》は、よいものをいれた、こころのくらから、よいものをだし、わるい人《ひと》は、わるいものをいれた　くらから　わるいものをだす。」（ルカによるふくいんしょ　六・四五）

「わっ！」

「あっ。びっくりしたわ。やめてよ！」

教室《きょうしつ》の入《い》り口《くち》の、したのほうに、かくれていた光男《みつお》くんが、入ってきたさなえちゃんの顔《かお》の前《まえ》に、きゅうにあらわれて、大《おお》きな声《こえ》でおどろかせました。

これを見《み》ていた、りょうくんは、わらいながら、光男《みつお》くんのうしろにまわり、二人《ふたり》でいっしょに、

「わっ！」とやりました。

「きゃー」と女《おんな》の子《こ》がいいました。

「ばか。やめろっ！」と、べつの男《おとこ》の子《こ》が、いいました。

ふたりは、おもしろがって、入《はい》ってくる子《こ》を、つぎつぎにおどろかせました。

二人《ふたり》がそろって、

「わ……」

といいそうになって、やめました。先生《せんせい》でした。先生《せんせい》は、「どうしたの」といいながら、へんな顔《かお》をして、教室《きょうしつ》に入《はい》り、じゅぎょうが、はじまりました。


その日《ひ》の夜《よる》、りょうくんは、ゆめを見《み》ました。

おともだちと走《はし》っていました。前《まえ》をちゃんと見《み》ながら、走《はし》っていたのに、「わあっ」といって、おしろのほりに、おちてゆくところで、目《め》がさめました。


つぎの日《ひ》、ろうかを歩《ある》いていると、光男《みつお》くんが、むこうから歩《ある》いてくる子《こ》の前《まえ》で、きゅうに「ぱちん」と手《て》をうって、おどろかせました。

「わっ。びっくりした。やめてよ。」

それがおもしろくて、光男《みつお》くんは、なんにんもの子《こ》に、おなじことをしました。りょうくんも、まねをしたかったのですが、二人《ふたり》でやるのは、タイミングをあわせるのがむずかしくって、できませんでした。

「光男《みつお》くんは、人《ひと》をおどろかすのが、じょうずだね。」

「うん。ぼく、人《ひと》をおどろかせる天才《てんさい》なんだ。」

「ふーん。いつも、おどろかせるほうほうを、考《かんが》えてるの？」

「ちがうよ。そのばで、おもいつきでやるのさ。」

そういいながら、光男《みつお》くんは、にこにこわらっていました。


その日《ひ》の夜《よる》、りょうくんは、また、ゆめを見《み》てしまいました。

じてんしゃにのって、もうスピードで、さかみちを走《はし》っていました。前《まえ》のほうに、ちょっと大《おお》きい石《いし》ころがあります。

「あぶない。石《いし》ころ、のけっ。」

そういいながら、なぜか、石《いし》ころをめざして、つっこんで行《ゆ》きました。「わあっ」といったところで、目《め》がさめました。

あさごはんのとき、お母《かあ》さんに、ゆめの話《はなし》をしました。

「こわかったでしょう。きっと、その日《ひ》に、なにかこわいことをしたのじゃないの？」

といいました。

「なにもしてないよ。でも…。」

「なにかあったのね。」

「ううん。なにもなかったよ…。」

でも、りょうくんは、光男《みつお》くんといっしょに、いつも人《ひと》をおどろかせて、あそんでいるからかな、と思《おも》いました。


なんにちかして、クラスぜんいんで、かがくしつから、帰《かえ》ってくるとき、かいだんをのぼっているときに、前《まえ》を歩《ある》いていた光男《みつお》くんが、とつぜん、うしろをふりむいて、りょう手《て》を、りょうくんの前《まえ》につきだして、おどろかせました。りょうくんは、ほかのことを考《かんが》えていたので、びっくりしました。びっくりしただけでなく、むかっとして、

「やめろ！」

とさけび、光男《みつお》くんの体《からだ》を、ぐっとおしました。光男《みつお》くんは、かいだんをのぼるために、かた足に

なっていたらしく、「わあっ」といって、前《まえ》にとばされました。「ごつんっ」と、頭《あたま》をゆかにぶつけた、にぶい音《おと》がしました。

しばらくしても、立《た》ちあがってきません。クラスの子《こ》たちが、しんぱいそうに、のぞきこみました。光男《みつお》くんは、「ううう」といって、うずくまったままです。

先生《せんせい》がたが、走《はし》ってきて、男《おとこ》のせんせいが、おぶってほけんしつに、光男《みつお》くんをはこびました。

りょうくんは、どうしてよいのかわからないので、ただ、だまって見《み》ていました。教室《きょうしつ》にもどってからも、先生《せんせい》の声《こえ》は聞《き》こえているのに、なにを話《はな》しているのか、わかりませんでした。りょうくんは、先生《せんせい》にしかられると思《おも》いましたが、先生《せんせい》はなにもいいませんでした。

光男《みつお》くんは、三日《みっか》、学校《がっこう》を休《やす》みましたが、また元気《げんき》になってもどってきました。りょうくんは、「ごめんね」といってあやまりました。「いいんだよ」と光男《みつお》くんは、こたえてくれました。でも、光男《みつお》くんは、いぜんにくらべると、すっかりおとなしくなりました。

その日《ひ》、たんにんの先生《せんせい》が、あらたまった顔《かお》をして、クラスのみなに、話《はな》しました。

「みなさん。悪《わる》ふざけは、やめてくださいね。こんかいの光男《みつお》くんのことは、ほんとうにしんぱいで、先生《せんせい》はごはんも食《た》べられないくらいでした。」

りょうくんは、じぶんの名前《なまえ》が、いつ先生《せんせい》の口《くち》から出《で》てくるか、じっと下《した》をむいて聞《き》いていました。さいごまで、りょうくんの名前《なまえ》は出《で》てきませんでした。でも、先生《せんせい》が、りょうくんひとりに話《はな》しているのだと思《おも》いました。

かんがえてみよう

1　じぶんで、悪《わる》ふざけをしているつもりでなくても、悪《わる》ふざけをしてしまっていることがあります。悪《わる》ふざけをすると、あいての人《ひと》はどう思《おも》うでしょうか。

2　りょうくんは、なぜ先生《せんせい》にしかられると思《おも》ったのでしょうか。

「アダム、たべてごらん」（人格《じんかく》）

「女《おんな》は、みをとってたべ、いっしょにいた男《おとこ》にもわたしたので、かれもたべた。」（そうせいき　三・六）

かみは、さいしょの人《ひと》アダムを、エデンのそのに、すまわせました。

エデンのそのは、らくえんでした。にんげんにはつみがなく、くるしみも、かなしみも、なやみもありませんでした。アダムはじゆうに、のびのびと生活《せいかつ》していました。

しかし、一《ひと》つだけ、かみによって、してはいけないと、いわれていたことがありました。それは、そのの中にある「ぜんあくを知《し》る木《き》の　み」だけは、食《た》べてはいけない、というかみのめいれいでした。

アダムは、ひとりぼっちで、さびしくかんじていました。どのどうぶつとも　なかよくしましたたが、ほんとうの友《とも》だちには、なれませんでした。そこで、かみは、アダムがねむっているあいだに、アダムのあばらぼねの、一《いち》ぶをぬきとり、そのあばらぼねから、女《おんな》をつくりました。かのじょの名《な》はエバです。かれらは、ふうふとなりました。かみは二人《ふたり》に、

「わたしがつくった、このせかいを、お前《まえ》たちがおさめなさい」

と、めいじました。


そこに、ヘビがあらわれました。へびは、あくまをあらわしています。へびは女《おんな》に
「あの木《き》のみは、おいしいよ。食《た》べてごらん」と、さそいました。

「それはできないわ。あれをたべると　しんでしまうのよ」と、女はいいました。

「だいじょうぶだよ。しにっこないよ。じつは、あの木《き》のみをたべると、かみさまのようになれるよ。」

「ほんとうなの。かみさまのようになるって、どういうことなの。」

「いちいちかみさまのいうことを　きかなくても　いいってことさ。自分《じぶん》で、ぜんあくを、きめることが、できるようになれるんだぜ。」

エバは　じっと　木《き》のみを　みつめました。それは　とてもおいしそうにみえました。かのじ

ょは、その木《き》の みをとって、食《た》べてしまいました。

そして、

「アダム、あなたも 食《た》べてごらん」と、いいました。

アダムも食《た》べてしまいました。


すると二人《ふたり》は、はだかでいたことを、はずかしくかんじ、いちじくのはを、つづりあわせて、こしのまわりをおおいました。そして、そのしげみに、かくれました。アダムとエバに、つみのせいしつが、入《はい》ってきてしまったからです。

かみはふたりにちかづき、

「なぜ かくれているのか」

と、いいました。

「はだか どうぜん だからです。はずかしいからです。」

「あの木《き》のみを　たべてしまったのだな。」

すると、女《おんな》がいいました。

「へびが　いけないのです。へびに　だまされて　食《た》べてしまいました。」

かみは、へびとエバとアダムをしかりました。

ヘビにむかい
「おまえは、じめんをはい回《まわ》り、にんげんと、いさかいをおこす」と、いいました。

つぎに、女《おんな》にむかい
「おまえは、くるしんで、子《こ》をうまなければならない」と、いいました。

さいごに、男《おとこ》にむかい、

「おまえは、ひたいにあせをながして、しぬまで、食《た》べるために、はたらかなくてはならない」と、いいました。


このようにして、じんるいすべての人に、つみが入《はい》ってきてしまいました。このつみのことを、「げんざい」とか「さいしょのつみ」とか「アダムのつみ」とよびます。

かみは、かれらをエデンのそのの、ひがしに、おいだしました。エデンのそのの、ひがしのはしには、つるぎのほのおがおかれ、さらに、てんしがおかれ、にんげんはエデンのそのに、入《はい》ることができなくなりました。

すべての人《ひと》は、生《う》まれたときから、つみをおかす、せいしつをもっています。それはさいしょの人《ひと》、アダムとエバから、いでんされています。これは、せいしょの、いだいな教《おし》えです。すべての人《ひと》が、あやまちをおかしてしまうのです。ですから、にんげんは、おたがいに、ゆるしあうことがひつようです。また、なにが、ぜんかあくかを、かみさまにきいて　こうどうしなくてはなりません。かみさまは、せいしょをとおして、なにがぜんか、あくかを、教《おし》えてくださいます。

かんがえてみよう

1　なぜ「ぜんあく」を知《し》ることがいけないのでしょうか。

2　にんげんは、強《つよ》いものでしょうか。にんげんは、かしこいものでしょうか。

おっぱいは、えいようが、いっぱい

（健康《けんこう》）

「いのちは、食《た》べものより大切《たいせつ》であり、体《からだ》はいふくより大切《たいせつ》ではないか。」（マタイによるふくいんしょ　六・二五）

外《そと》は雨《あめ》がふっていました。かぜをひいて、けんじくんはベッドの中《なか》から、まどの外《そと》を見《み》ていました。きょうも、学校《がっこう》を休《やす》んでしまいました。けんじくんのお母《かあ》さんは、

「ねえ、けんじ、あなたは　あかちゃんのとき、とても元気《げんき》で、お母《かあ》さんの　おっぱいをたくさんのんだのよ」

と、いいました。

「ぼくがお母《かあ》さんのおっぱいをすってたなんて、へんだな。ぼく、おぼえてないよ。」

「そりゃあ　おぼえてないでしょうね。あかちゃんのときは、まだ、ものをおぼえるのうが、できてないからね。」

「へえー、そうなんだ。そういえば、あかちゃんのときのことなんて、ぼく、これっぽっちも、お

ぼえてないものね。」

「けんじは、かわいい小《ちい》さな手《て》を、お母《かあ》さんのおっぱいにあてて、いっしょうけんめい、おっぱいをすってね。かわいかったよ。ついこのあいだのようよ。」

「ふーん。いまも　おっぱいが出《で》るの？」

と、けんじくんは、ふしぎそうな顔《かお》をしてききました。するど、おかあさんは、

「いまは　もうでないわよ。出《で》たら、けんじにのませてあげたいわ。おっぱいって、ものすごくえいようがあるのよ。かぜなんか、ひかないようになるから。」

けんじくんは、自分《じぶん》がおかあさんのおっぱいを　のんでいるようすを、そうぞうしました。

「ねえ、お母《かあ》さん。お母《かあ》さんのおっぱいは、どうしてそんなに大《おお》きいの？」

「女の人《おんなのひと》は、みんな大《おお》きいわよ。おっぱいの中《なか》には、糸《いと》のようなせんや、小《ちい》さなふくろのようなものが、いっぱいつまっていてね。それらが、おっぱいのさきっぽに、しゅうちゅうしていて、それをあかちゃんが、ちゅうちゅうすいだすのよ。」


「おっぱいって、おいしいのかなあ。」

けんじくんは、ひとりごとのように、いいました。すると　お母《かあ》さんは、いいました。

「あかちゃんには、とってもおいしいみたい。あかちゃんが、じょうぶに、そだつように、えいよ

うが、バランスよくはいっているの。」

「ふーん。そうなんだ。ふしぎだね。すごいね。どうやって、お母《かあ》さんの体《からだ》の中《なか》で、おっぱいができるのだろうか。」

「けつえきよ。お母さんが、ごはんを食《た》べるでしょ。いや、ちょうの中《なか》で、とけて、ちの中《なか》に、とりこまれるのよ。そして、ちがおっぱいのところにきて、白《しろ》いおちちにかわるの。」

「ふーん。ぼくは、ほんとうに、お母《かあ》さんのおっぱいで大《おお》きくなったのだ。」

「そうよ。あのころは、お母《かあ》さんはね、けんじのぶんも、たくさん食《た》べたわ。おっぱいは、いい　においがするし、ばいきんからも、まもってくれるのよ。でも、いまは　もう自分《じぶん》で食《た》べて、自分《じぶん》で自分《じぶん》の体《からだ》を、まもらなくては、いけないのよ。」

「じゃあ、きょうだけ　神さまに　おねがいして、お母《かあ》さんのおっぱいをもらおうかな。」

「ばかね。もう出《で》ないって　いったでしょ。あれは一年《いちねん》くらいだけ出《で》て、あかちゃんが、自分《じぶん》で食《た》べるようになると、しぜんにとまるの。それが神《かみ》さまのきまりだ

からね。」

それから　けんじくんは、おかあさんといっしょに、おひるごはんを　いただきました。その日《ひ》の、おひるごはんは、

お米《こめ》のごはん、小《ちい》さなハンバーグ、

こんにゃく・ゴボウ・にんじん・ねぎ・ひじきのまざったにもの、

キャベツ、あたためたミルク。

けんじくんは、食べながら、それがちの中《なか》にとりこまれる、ということが、やはりふしぎで、よくわかりませんでした。

にんげんの体《からだ》は、六〇ちょうものさいぼうが、つなぎ合《あ》わさって　できています。

ちは　体《からだ》じゅうを　行《ゆ》きめぐっています。そのちも、そして体《からだ》もほねも、六〇ちょうのさいぼうの中《なか》にふくまれています。六〇ちょうのさいぼうは、それぞれ　ちがうはたらきをしています。

食《た》べたものは、さいぼうになるだけではありません。のうのめいれいをうけて、体《からだ》をうごかす「力《ちから》」にかわります。

けんじくんには、食《た》べたおひるごはんが、一《いち》ぶは、ちとなりほねとなり肉《にく》になっていき、一《いち》ぶは力《ちから》にかえられることは、ほんとうに　ふしぎなことで、頭《あたま》の中《なか》で、そうぞうしにくいことでした。

「お母《かあ》さん、これをぜんぶ食《た》べたら、元気《げんき》になれるかな？」

「きっとなれますよ。あすから、学校《がっこう》に行《ゆ》けたらいいね。」

かんがえてみよう

1　にんげんは、なんのために、食べるのでしょうか。

2　あなたは、おやにいわれるので食《た》べていますか、自分《じぶん》から食《た》べていますか。

3　あなたは、体《からだ》のけんこうをまもるために、どのようなことに、気をつけていますか。

（生活《せいかつ》）

ごはん　だいすき

「空《そら》の鳥《とり》をよく見《み》なさい。たねもまかず、かりいれもせず、くらにおさめもしない。だが、あなたがたの、天《てん》の父《ちち》は、鳥《とり》をやしなってくださる。」（マタイによるふくいんしょ　六・二六）

あなたは、おむすびが　すきですか。

ごはんを　にぎって、しおをふって、

お米《こめ》が、てかてか　かがやいています。

おにぎりの中《なか》には、うめぼしやこんぶ、

しゃけやたらこが、入《はい》っています。

おいしいね。

まきずしを　知《し》っていますか。

おすの中《なか》に、しおとさとうを入《い》れて　まぜます。

それをごはんに　ふりかけます。
のりを　したじきのように　おいて、
その上《うえ》に　ごはんをおき、かんぴょうやキュウリや
たまごやきや、ピンクいろの　おぼろをのせて、
まきすで　ぐるぐるまいて　できあがり。
それを　いくつかにきって　いただきます。
おいしいね。

びょうきになったとき、
お母《かあ》さんが、つくってくれた　おかゆはね、
たくさん　水《みず》を入《い》れて　たくんだよ。
おしおをいれると　おいしいね。
だしじるで　たくと、おじやっていうの。
あぶらでいためて、だしじるで　にると、
リゾットっていうんだよ。
おいしいね。

おちゃづけも　おいしいね。
ごはんの上《うえ》に、ふりかけを　かけて、
あったかいおちゃを　そそいで、いただきます。
おいしいね。

たきこみごはんを　知《し》っていますか。
「ぐ」をいれて、あじのついた　つゆをいれて
ごはんをたきます。
くりごはん、
まつたけごはん、
ごもくごはん、
ほかにも　いろいろな「ぐ」があります。
どれも　おいしいね。

おこめは　のうかの人《ひと》たちが、作《つく》ってくれます。

春《はる》になると　水《みず》をはった　たんぼに、
なえをうえます。
水《みず》とたいようの光《ひかり》で、ぐんぐん　大きくなります。
それから　ほがでてきます。
夏《なつ》のおわりか、秋《あき》のはじめに、
ほをかります。
ほをまもっている　からを　きかいで　とります。
あたらしい　お米《こめ》が、できました。
おいしい、おいしい　お米《こめ》です。

かんがえてみよう

1　お米は、小さなつぶなのに、なぜたくさんのほが出るのでしょうか。
2　ごはんと　いっしょにたべる「おかず」には、どんなものがありますか。なぜおかずを食べるのでしょうか。

おてつだい

「わたしは、にゅうわで、けんそんなものだから、わたしのくびきをおい、わたしに学《まな》びなさい。」（マタイによるふくいんしょ　一一・二九）

まさくんが、ほどうを　歩《ある》いていると、よこに小《ちい》さなわきみちをみつけて、いそいでわたったとき、むこうのほどうに　だんさがあって、つまづいて、おもいっきり　前《まえ》にころびました。

「あっ！」

まえにつんのめったとき、前《まえ》を歩《ある》く　おじさんが　ひいていた　だいしゃに　おもいっきり　ぶつかりました。

「いたいっ！」

まさくんは、いきが　とまりそうになりました。すねを　うったのです。

一分《いっぷん》ほど　時間《じかん》がたちました。

「ぼうや、だいじょうぶかい。」

前《まえ》を歩《ある》いていた　おじさんが、しんぱいそうに　まさくんの顔《かお》を　のぞきこみました。

「こまったなあ。きゅうきゅうしゃを　よんだほうが　いいかなあ。」

「おじさん。もうだいじょうぶ。ぼくの家《いえ》、すぐそこだから。」

「おお、そうかい。それはよかった。」

そう言《い》って、おじさんは　木《き》のはこがのった　だいしゃをひいて　むこうのほうへ　行《い》ってしまいました。まさくんは　いたかったので、しばらくじっとしていました。

「お母《かあ》さん。ただいま。」

いつもとちがう声《こえ》なので、おうちの中《なか》から、お母《かあ》さんが　出《で》てきました。

「どうしたの？」

お母《かあ》さんの顔《かお》を見《み》て、まさくんは　きゅうに　なみだが　出《で》てきました。

「そこで、ころんだの。」

「まさくんは　あわてものなのだから。また、つまづいたのでしょう。みせてごらん。」

すねのところが　青《あお》くなっているので、お母《かあ》さんは　びっくりしました。そして、つめたいタオルで、そっと　ひやしてくれました。まさくんは　くわしく　せつめいしました。お母《かあ》さんは、

「あいてが　車《くるま》でなくて　よかったね」

と、言《い》いました。

まさくんは、このあいだも　おうちの中《なか》で、つまづいて　頭《あたま》をはしらにぶつけました。そのときは、お父《とう》さんもいて、まさくんのひたいから　ちが出《で》ていたので、びょういんにつれて行《ゆ》こうとしました。でも、お母《かあ》さんが、

「いつものことだから」

と、言《い》って、てあてをしてくれました。お父《とう》さんは　すこしびっくりして、ようすを　見《み》ていました。まさくんは、とてもよいこなのですが、あわてて　なにかをするくせがありました。お母《かあ》さんはそれがしんぱいで、いつも「おちついて、おちついて」とちゅういしていました。


すねをうったときから　一《いっ》しゅうかんほどして、

「まさくん、たまごがきれたの。スーパーで買《か》ってきてくれない」

と、お母《かあ》さんにたのまれました。

「うん。いいよ。おちついて、おちついて、行《い》ってくるからね。」

言《い》われる前《まえ》に、まさくんは　そう言《い》いました。

スーパーは　すぐちかくに　あります。まさくんは　もう二年生《にねんせい》なので、お母《かあ》さんにたのまれて、

よくそのスーパーに　買《か》いものに行《ゆ》きます。十《じっ》このたまごが入《はい》った　いつものケースをもって、レジに行《ゆ》きました。レジのおばさんと　目《め》があいました。おばさんが、にっこりわらってくれました。

「ぼうや、あなたが　もっている　そのふくろに、このたまごを　入《い》れてあげるね。」

そう言《い》って　おばさんは、たまごをふくろに入《い》れてくれました。お金《かね》をはらって、おつりをもらって　出口《でぐち》にむかいました。そのつうろには、つくえが　ほそながく　ならべておいてありました。そこは、おきゃくさんが　買《か》ったしなものを　自分《じぶん》のふくろに　入《い》れるためのばしょでした。いちばんむこうの　でぐちにちかいところで　おばあさんが、手《て》おし車《くるま》をおして　出《で》て行《い》こうとしていました。つくえの上《うえ》に、おばあさんの　さいふが　のこっています。

「おばあちゃん、さいふを　わすれているよ」

と、言《い》って、まさくんは　いそいで　さいふを　おばあさんに　わたそうとしました。ちょうどそのとき、じどうドアーが　しまりかけました。まさくんは　おもわず　たまごをもった左手《ひだりて》で、ドアーをおさえました。

「グシャ」

ドアーは　とまって　また　ひらきました。

おばあさんは、「ごめん、ごめん」と言《い》って、さいふをうけとり、まさくんの　ふくろの中《なか》をのぞきこみました。

「まあ　たいへんだ。ぼうや、わたしが　新《あたら》しいのを　買《か》ってあげるからね。」

そこに　さっきの　レジのおばさんが、とんできて、まさくんの　こわれた　たまごの入《はい》ったふくろをとって、

「ちょっと　まっててね。」

そう言《い》って、新《あたら》しい　たまごの　ケースをもってきてくれました。

「あなたが　もってきたふくろの中《なか》は、あまりよごれていないから、これでだいじょうぶ。」

そう言《い》って、また　にっこりわらって、まさくんに　新《あたら》しいたまごの入《はい》ったふくろを　わたしてくれました。おばあさんは　まさくんにも　レジのおばさんにも、「ごめん、ごめん」と言《い》いながら、たまごの　お金《かね》を　はらってくれました。まさくんは　自分《じぶん》が　いいことをしたのか　よけいなこ

とをしたのか、しんぱいでした。

おうちにかえって、

「お母《かあ》さん。あそこのレジの人《ひと》って　しんせつだよ」

と言って、お母《かあ》さんに　こまかく話《はな》しました。

「また　やっちゃったのね。でも　いいこともしたのだから、マッいいか。でも、まさくんは　ほんとうに　あわてんぼだから、気《き》をつけてね」

と、言《い》って、まさくんの頭《あたま》を　なでました。そのあとで、お母《かあ》さんは　レジのおばさんに　なにかでんわで　話《はな》していました。

かんがえてみよう

1　まさくんの　よいところは、どんなところだったでしょうか。
2　まさくんのように、あなたにも　なにか　なおさなければならない　くせがありますか。
3　さいしょに書いてあるせいくは、イエスさまが、自分のことを言っていることばです。イエスさまは、どのようなせいしつだと　言っておられますか。

「はい」

（言葉《ことば》）

「はじめに　ことばがあった。ことばは　かみとともにあった。」（ヨハネによるふくいんしょ　一・一）

学校《がっこう》の　げんかんで、太田先生《おおたせんせい》が
「おはよう」

と、声《こえ》をかけて　くださいました。

「おはようございます」

と、みんなが　へんじをしています。いつもの　あさの　学校《がっこう》の　ようすです。声《こえ》の大《おお》きな子《こ》もいます。小《ちい》さな声《こえ》の子《こ》もいます。

声《こえ》は　人《ひと》によって　それぞれちがいます。つよい声《こえ》、よわい声《こえ》、きれいな声《こえ》、かすれたような声《こえ》…。太田先生《おおたせんせい》の声《こえ》は、やさしい声《こえ》でした。


あるけいさつしょで、しょちょうが、おおぜいの　けいさつかんのまえで、お話《はなし》をしていました。

さいごに、しょちょうが、

「では、これでおわる。気《き》をつけて しゅつどうするように」

と、言いました。すると そこにいた おおぜいの けいさつかんが、いっせいに
「はい」

と、声《こえ》をそろえて へんじをしました。それは へやじゅうに ひびきわたりました。ひとりひとりの けいさつかんの声《こえ》が、つよく 大《おお》きかったのです。


かぞくで レストランに行《い》ったとき、お父《とう》さんが みんなのぶんを まとめてちゅうもんしました。ウェイトレスは、小《ちい》さな声《こえ》で、でもはっきりきこえる声《こえ》で、

「はい。かしこまりました」

と、へんじをして、おじぎをしてから さがって行《ゆ》きました。


しょうてんがいを お母《かあ》さんと 歩《ある》いていたときのことです。魚《さかな》やさんの おじさんが、しゃがれたようなこえで、

「ハイ、ハイ、ハイ、ハイ、いらっしゃーい」

と、声《こえ》をかけていました。きっと この「ハイ、ハイ、ハイ」というのは、なにもいみのない か

け声《ごえ》だと思《おも》います。

　おうちの中《なか》で、お母《かあ》さんが　いつものように家《いえ》じゅうに　きこえるような　大《おお》きな声《こえ》で、

「ごはんが　できましたよ」

と、よびました。すぐちかくの　いまにいたわたしは、

「はい」

と、こたえて、食《しょく》どうに　行《い》きました。にかいにいた　おにいさんが、

「はーい」

と、大《おお》きな声《こえ》で　へんじをしました。わたしと　いっしょに　いまにいた　おばあちゃんは、

「はい、はい。どっこいしょ」

と、ひとりごとのように言《い》って、立《た》ちあがりました。お父《とう》さんの　話《はなし》によると、むかし　おばあちゃんは、よく「『はい』という　へんじは、一《いち》どでいいのよ」と言《い》っていたそうですが、今《いま》では自分《じぶん》が「はい、はい」と　二《に》ど言《い》います。しかも、自分《じぶん》だけにしか　聞《き》こえないような小《ちい》さな声《こえ》で言《い》います。

一年生《いちねんせい》の　わたしのクラスで、いつも　たけしくんは、先生《せんせい》のしつもんに、

「はい、はい、はい、はい」

と、つくえから　みをのりだすように、手《て》をあげて、ものすごく大きな声《こえ》で　こたえようとします。

すると　先生《せんせい》は、

「たけしくんの声《こえ》は、元気《げんき》があって　とてもいいけれど、先生《せんせい》は　ちゃんときこえますからね。手《て》をあげて、ふつうの声《こえ》で『はい』と、いちどだけ　言《い》うように　しましょうね」

と、言《い》います。

「はい」ということばの　かわりになるような　ことばは　ないのでしょうか。
こどもは　よく「うん」とこたえます。
おとなは　よく「ええ、ええ」とこたえています。
したしい　お友《とも》だちのあいだでは、それでもいいと思《おも》いますが、はじめてあう人《ひと》や、せいしきなあいさつをするときには、やはり「はい」ということばが、ふさわしいのではないでしょうか。

かんがえてみよう

1　へんじは、なぜたいせつなのでしょうか。

2　あなたの声《こえ》は、どんなせいしつの声《こえ》でしょうか。

3　あなたは「はい」とこたえますか、「うん」とこたえますか。

クラスのおともだち（学校《がっこう》）

「光《ひかり》の子《こ》として歩《あゆ》みなさい。」（エフェソのしんとへのてがみ　五・八）

「さ、みんな、じぶんの名《な》まえをよばれたら、大《おお》きな声《こえ》でへんじするんですよ。岡田磯吉《おかだいそきち》くん。」

「……」

うまれて　はじめて　じぶんの名まえを「くん」をつけて　よばれたので、いそきちくんは
びっくりして、へんじが　のどにつかえてしまいました。

「せんせい　その子《こ》は、『ソンキ』っていうの。」

いちばんうしろに　すわっている子《こ》が、大《おお》きな声《こえ》でいいました。すると　先生《せんせい》が、

「そうなのね。それでは、磯吉《いそきち》のソンキさん。」

「はあい。」

「よくできたわ。」

先生《せんせい》は　そう言《い》って　しゅっせきぼに　なにかを　かきこみました。それから　十二《じゅうに》めいの　せいとの名《な》を　じゅんに　よびました。

ここは　せとないかいの小豆島《しょうどしま》の　ちいさな分校《ぶんこう》です。島《しま》のはずれの　みさきにあります。大石《おおいし》せんせいは、学校《がっこう》をそつぎょうしたばかりで　きょうから　一年生《いちねんせい》の　たんにんになりました。先生《せんせい》もせいとも、はじめてのじゅぎょうで、すこし　きんちょうしていました。

一週間《いっしゅうかん》ほどして、

「きょうは　おてんきもよいので、外《そと》に出《で》て、歌《うた》をうたいましょう。」

「わあい　うれしいな。」

海《うみ》べに出《で》て、大石《おおいし》せんせいは　りょうてをタクトにして　うたいだしました。

「春《はる》は　はよから　かわべの　あしに

かにが　店《みせ》だし　とこやでござる…」

先生《せんせい》は　小《ちい》さな　体《からだ》でしたが、とてもきれいな声《こえ》で　うたいました。みんなも　先生《せんせい》について　うたいました。

先生《せんせい》は　せいとたちに　たくさん　歌《うた》を教《おし》えました。そして　せいとたちは　先生《せんせい》が　だいすきになりました。なんと　いちがっきのあいだ　せいとたちは　いちども　ちこくしませんでした。まい朝《あさ》、はやく　先生《せんせい》に　あいたかったからです。

秋《あき》になり　二百十日《にひゃくとおか》（注1）のころ、島《しま》には　たいふうがきました。学校《がっこう》には　ひがいが出《で》ませんでしたが、せいとたちのいえが、たくさん　こわされました。どうろにも　石《いし》や　木《き》のえだがちらばっていました。みんなで　海《かい》がんの道《みち》を　そうじしに行《ゆ》きました。

どうろの　そうじがおわり、はまべに出《で》て　いつものように　歌《うた》をうたいました。

「さ、きょうは　これでおしまい。きょうしつに　帰《かえ》りましょう。」

大石先生《おおいしせんせい》は、そう言《い》って、手《て》で、スカートのひざをはらい、ひとあし　うしろにさがったとたん、

「きゃあっ」とひめいをあげて、たおれました。おとしあなに　おちこみました。みんなも　「あっ」とさけびました。

しばらくしても　先生《せんせい》は　おきあがってきません。

「先生《せんせい》、だいじょうぶ？」

「あいたたた…。」先生《せんせい》は　目《め》をとじて　顔《かお》を　しかめています。

先生《せんせい》は、

「だれか　おとこ先生《せんせい》を　よんできて。足《あし》のほねを　おったみたいだから。」

おとこ先生《せんせい》が来《き》ました。ちかくのいえの人《ひと》も来《き》ました。小《ちい》さなむらには　おいしゃさんがいません。おとこ先生《せんせい》が　大石先生《おおいしせんせい》を　おんぶして　小《ちい》さな船《ふね》に　はこびました。りょうしの正《ただし》くんのおとうさんの船《ふね》にのせ、ツルちゃんのお父《とう》さんと竹一《たけいち》くんのお兄《にい》さんが　大《おお》きくまわりこんだ　海《うみ》のいりえを　こいで、中《なか》まちの橋本《はしもと》げかまで　つれて行《ゆ》きました。おとこ先生《せんせい》が、つきそいました。おとこ先生《せんせい》は、こうちょう先生《せんせい》でした。この分校《ぶんこう》は、二人《ふたり》だけの先生《せんせい》で、こうちょうせんせいが三年生《さんねんせい》と四年生《よんねんせい》の担任、大石《おおいし》せんせいは一年生《いちねんせい》と二年生《にねんせい》のたんにんでした。五年生《ごねんせい》になると　町《まち》の本校《ほんこう》にかよいました。

一《いっ》かげつほどしました。どようびで　一年生《いちねんせい》は

じゅぎょうが　はやくおわりました。

「大石《おおいし》せんせい　まだこれないのかな」と　さなえちゃんが　かえり道《みち》、とおくに見《み》える　一本松《いっぽんまつ》をさして言《い》いました。いりえのむこうにみえる　一本松《いっぽんまつ》は先生《せんせい》の　おうちの　ちかくです。

「もう　たいいんしたそうよ。」

「あいたいな。でも、まだ　ひとりじゃ　歩《ある》けないって、おとこ先生《せんせい》が　言《い》ってたわ。」

だれかが　そう言《い》いました。

「あいに　いこうか。」

「あの一本松《いっぽんまつ》までは　とおいよ。」

「だいじょうぶだよ。まえに　バスで行《い》ったら　すぐだったもん。」

「よっし、いこう　いこう。」　みんなは　そう言《い》って　歩《ある》きはじめました。

うみべの道《みち》は、一本松《いっぽんまつ》が見《み》えたり、木《き》のかげにかくれて　見《み》えなかったりしました。一本松《いっぽんまつ》が見《み》えないと　しんぱいになりました。ぞうりがきれて　はだしで　あるく子《こ》が　なきはじめました。

それにつられて　ぜんいんが、わあわあと　なきはじめました。でも、足はとまりませんでした。

「ぶー、ぶー」と、うしろから　バスが来《き》ました。みんなは　道《みち》ばたに　よけました。

バスは　すなぼこりをたてて　とおりすぎました。と、そのまどから　思《おも》いがけない顔《かお》が、見《み》えました。

「あっ、先生《せんせい》だ。」「先生《せんせい》。」「先生《せんせい》。」

バスは　とまってくれました。大石先生《おおいしせんせい》は　まつばづえをついて　おりてきました。

「みんな、どうしたの？」

「先生《せんせい》に　あいたくなって　みんなで　おうちの人《ひと》に　ないしょで　来《き》てしまったの。」

先生《せんせい》は、みんなをだきしめながら、すぐちかくの　自分《じぶん》の家《いえ》に　みんなをつれて行《ゆ》きました。

先生《せんせい》のお母《かあ》さんが、みんなに　おうどんを作《つく》って　食《た》べさせてくださいました。先生はおうちの人《ひと》たちが、しんぱいしているから、といって、きんじょのおとなにたのんで、船《ふね》で　みんなを　みさきの村《むら》まで　おくってもらうことにしました。

船《ふね》にのるまえに、しゃしんやさんに来《き》てもらい、ぜんいんのしゃしんを　とりました。はまべに立《た》つ　十二名《じゅうにめい》の　一年生《いちねんせい》のせいとたちの目《め》は　きらきらと　かがやいていました。このしゃしんは、先生《せんせい》にも　せいとにも　いっしょうの　たからものになりました。

（注1）「二百十日《にひゃくとおか》」。「立春《りっしゅん》」という　春《はる》のはじめの二月四日《にがつよっか》ころから　かぞえて　二百十日《にひゃくとおか》めで、九月一日《くがつついたち》ころ。たいふうがおそってくるころで、日本《にほん》の国《くに》の人《ひと》たちは、この日《ひ》をおそれていました。

ただし書き

このお話《はなし》は、壺井栄《つぼいさかえ》（一九〇〇年―一九六七年）という　じょせいの作家《さっか》の『二十四の瞳《にじゅうしひとみ》』というしょうせつの　いちぶを書《か》きかえました。一九二八年ころの　お話《はなし》です。うまれてはじめて学校《がっこう》に入《はい》り、おなじクラスになるお友《とも》だちは　ひとりひとりが　とてもたいせつな　お友《とも》だちです。

（坪田譲治・波多野完治監修『定本　壺井栄児文学全集　第三巻』、講談社、昭和五四年　参考）

かんがえてみよう

1　あなたは、クラスの人《ひと》たちの名《な》まえを、ぜんぶ言《い》えますか。

2　まだお話《はな》ししたことのない子《こ》と話《はな》してみましょう。

3　「光《ひかり》の子《こ》として、歩《あゆ》みなさい」（エフェソ　五・八）という　せいしょの　ことばは、どのような　いみでしょうか。

ヘレン・ケラーとサリバンせんせい

（信仰《しんこう》）

「耳《みみ》の聞《き》こえぬ者《もの》を悪《わる》く言《い》ったり、目《め》の見《み》えぬ者《もの》の前《まえ》にしょうがいぶつをおいてはならない。」（レビ記《き》　一九・一四）

ヘレン・ケラーは、とても元気《げんき》のよい　アメリカ人《じん》のあかちゃんでした。しかし、一《いっ》さい七《なな》か月《げつ》のときに、高《たか》いねつを出《だ》す　びょうきにかかりました。お父《とう》さんもお母《かあ》さんも、ねつがひくようにおいのりしました。よくなりました。しかし、

目《め》が見《み》えなくなりました。
耳《みみ》も聞《き》こえなくなりました。
まっくらやみで、もの音一《おとひと》つ　聞こえてきません。

あかちゃんは、おやの言《い》うことばを、まねて、声《こえ》を出《だ》します。でも、ヘレンは耳《みみ》が聞《き》こえません。なにも聞《き》こえません。まねができません。大《おお》きな音《おと》も、小《ちい》さな音《おと》も　聞《き》こえません。音《おと》は　なにも

ありません。ですから、話《はな》が　できなくなりました。

まだ　一《いっ》さい七か月《げつ》の　あかちゃんです。手《て》をばたばたさせ、足《あし》でけり、つねり、かみつきます。おさらの上《うえ》にあるものを、なんでも　食《た》べます。でも、自分《じぶん》では、なにも聞《き》こえません。見《み》えません。くらやみと　ちんもくの　せかいが　あるだけです。しつけの　しようも　ありません。手《て》のつけられない子《こ》になりました。

ヘレンが　六才八《ろくさいはち》か月《げつ》のときに、二十一才《さい》のアン・サリバン先生《せんせい》が、家《いえ》に来《き》ました。サリバン先生《せんせい》は、子《こ》どものころ、目《め》のびょうきで、見《み》えなかったのですが、しゅじゅつをして見《み》えるようになった人《ひと》でした。先生《せんせい》が　いっしょに　生活《せいかつ》してくれることになりました。でも、ヘレンには、だれが来《き》たのか、なにもわかりませんでした。

かぞくそろって　ばんごはんのとき、サリバン先生《せんせい》は、ヘレンに　スプーンをわたしました。ヘレンは、それを　なげすてました。いつものことです。サリバン先生《せんせい》は、ヘレンを　ひっぱって行《ゆ》き、スプーンをひろわせました。ヘレンは、また　なげすてました。サリバン先生《せんせい》は、ぜったいにあきらめませんでした。ちんもくのせかいの中《なか》で、なんどもおこなわれました。サリバン先生は、力《ちから》ずくでも、ヘレンをしつけました。

「サリバン先生《せんせい》、そんなに　きびしくすると、あの子《こ》が　かわいそうです」と、お父《とう》さんとお母《かあ》さんが、言《い》いました。すると、サリバン先生《せんせい》は、きっぱりと、「わたしに、まかせると　やくそくしたのですから、だまっていてください」と、言《い》いました。サリバン先生《せんせい》は、子《こ》どもを　きょういくするほうほうを、よくけんきゅうした　すばらしい先生《せんせい》でした。

ヘレンとサリバン先生《せんせい》は、家《いえ》から　四百《よんひゃく》メートルほどはなれた、小《ちい》さなこやに　すみました。二人《ふたり》きりの生活《せいかつ》です。サリバン先生《せんせい》は、自分《じぶん》の右手《みぎて》のゆびを、いろいろ　まげたり、のばしたりして、ABCをしめす、ゆびもじ　というものを、ヘレンの手《て》に、教えました。たとえば、おやゆびをよこにして、ひとさしゆびを　上にむけると、エー・ビー・シーのエルというもじをしめします。ヘレンには、なんのあそびか、まったく　わかりませんでした。

サリバン先生《せんせい》が来《き》て、一《いっ》か月《げつ》ほどしてからのことでした。にわに　いどがありました。サリバン先生《せんせい》は、いどの　とってを　上下《じょうげ》に　うごかし、ポンプから水《みず》を出《だ》しました。ヘレンに　こっぷをもたせ、水《みず》をうけさせました。そして、ヘレンの手《て》のひらの中に、「みず」と　ゆびもじを　しめしました。

えっ？　えっ？

わかった！　わかった！

先生《せんせい》は、わたしに　もじというものを　教《おし》えようとしているのだ！　ものには、すべて　名前《なまえ》があるのだ！　わたしには　なにも聞《き》こえていないけど、すべてのものには、名前《なまえ》があって、みんなは　声《こえ》というものを出《だ》して、話《はな》しているのだ。

ヘレンは、先生《せんせい》のほうを　むいて　ゆびさしました。サリバン先生《せんせい》は、すぐにわかりました。「あなたは　なに？」と聞《き》いているのです。

サリバン先生《せんせい》は、ヘレンの手《て》の中《なか》に「せんせい」とゆびもじで　しめしました。

これらのことが、すべて　なにも見えない、なにも聞《き》こえない　くらやみと　音《おと》のないせかいの中《なか》で　おこなわれました。

ヘレンの顔《かお》が、みるみる　かわっていきました。うれしい、うれしい！

この日《ひ》が、ヘレン・ケラーの心《こころ》の　たんじょうびになりました。

ヘレンは、サリバン先生が、ほんとうは　やさしい先生であることが　わかりました。それから、まいにち、ヘレンは　五《ご》こか六《ろっ》この　ものの名前《なまえ》を　おぼえました。はつ音《おん》はできませんし、聞《き》くこともできませんから、おたがいに手のひらに　ゆびもじで　しめしました。そうです。ヘレンは、とてもかしこい子《こ》だったのです。すべて　ヘレンのてのひらに、サリバン先生《せんせい》が、ゆびのかたちで教《おし》えました。お父《とう》さんやお母《かあ》さんは、どんなによろこんだことでしょう。

やがて、点字《てんじ》（注1）も教《おし》えてもらいました。また、ゆびもじではなく、目《め》の見《み》える人《ひと》たちが、使《つか》っている　ほんとうのABCを、じょうずに書《か》くことができるようになりました。ですから、てがみも書《か》けるようになりました。

ヘレンは、おとなになってからも、アン・サリバン先生《せんせい》のことを、「アン」と言《い》わないで、「せんせい」といいました。

にちようびには、お父さんとお母さんといっしょに教会《きょうかい》に通《かよ》いました。もちろん、なにもわかりませんでした。見《み》えないし、聞《き》こえないのですから。

一八八八年《ねん》、八才《はっさい》のヘレンは、サリバン先生《せんせい》につれられて、ボストンという町《まち》の　もう学校《がっこう》に行《ゆ》きました。このころから、しんぶんなどに　ヘレンとサリバン先生《せんせい》のことが、とりあげられて、ゆうめいになり、目《め》の見《み》えない人《ひと》、耳《みみ》の聞《き》こえない人《ひと》たちをはげましました。また、人々《ひとびと》が、しょうがいしゃのことを考《かんが》えるようになりました。

一〇才《さい》になってから、ヘレンは声《こえ》を出《だ》すくんれんを、うけました。耳《みみ》の聞《き》こえない人《ひと》は、音《おと》の高《たか》い低《ひく》いもありません。自分《じぶん》のはっした声《こえ》も聞《き》こえません。ですから、声《こえ》を出《だ》すことを　教《おし》えるのは、とてもむずかしいのです。ヘレン・ケラーは、へたでも　声《こえ》を出《だ》せるようになりました。したしい人《ひと》たちは、聞《き》きとりにくくても、ヘレンの言《い》うことばを、わかってくれるようになりました。一四才《じゅうよんさい》になって、くちびるにふれて、あいての人《ひと》が言《い》っていることを、よみとるほうほうも　学《まな》びました。

一八九九年《ねん》、一九才《じゅうきゅうさい》になり、ラドクリフ女子大学《じょしだいがく》の入学《にゅうがく》しけんを、点字《てんじ》でうけました。みごとごうかくしました。しかし、点字《てんじ》にされている本は、わずかでしたから、べんきょうのためには、サリバン先生《せんせい》のたすけが　ひつようでした。サリバン先生《せんせい》は、いっしょに、じゅぎょうをうけてくれました。すべてを、ゆびもじで教《おし》えてくれました。

大学生のあいだに、ヘレンは、サリバン先生とすごしてきたこれまでの自分《じぶん》の生活《せいかつ》を、『わたしの生涯《しょうがい》』という本《ほん》にしました。この本《ほん》はおおくの人々《ひとびと》に読《よ》まれ、しょうがいをもっている人々《ひとびと》だけでなく、すべての人々《ひとびと》の心《こころ》をうち、はげましました。一九〇四年《ねん》、二四才《さい》で、大学《だいがく》をそつぎょうしました。

サリバン先生《せんせい》は、カトリック教会《きょうかい》のしんじゃでした。でも、ヘレンはじぶんで、せいしょをまなび、スウェーデン・ボルグはという教会《きょうかい》の　ねっしんなしんじゃになりました。

そのご、ヘレン・ケラーとサリバン先生《せんせい》は、本《ほん》を書《か》いたり、いろいろなところに行《ゆ》き、お話《はなし》をしたりして、しょうがいをもっている人々《ひとびと》のために　はげましのかつどうをしました。日本《にほん》にも三回《さんかい》来《き》て、しょうがいしゃを　はげます　かつどうをしました。

アン・サリバン先生《せんせい》は、一九三六年《ねん》、七〇才《さい》でなくなりました。

ヘレン・ケラーは、一九六八年《ねん》、八七才《さい》でなくなりました。

ヘレン・ケラーは、「わたしは、自分《じぶん》のしょうがい（障《しょう》がい）を、かみに　かんしゃしています」と言《い》っています。目が見えない、耳が聞こえない、話がじょうずにできない、でも、神がいっしょにいてくださる、というしんこうが、ヘレンとサリバン先生を、はげましたからでした。

あなたも、しょうがいをもっている人《ひと》のことを、よく知《し》って、いっしょに　たのしく　すごせるようにしましょう。

（注《ちゅう》1）「点字《てんじ》」とは、かみの上《うえ》に、小《ちい》さな点《てん》を上《うえ》にふくらませ、その点《てん》のならべかたで、もじをあらわし、ゆびさきで　なぞって　読《よ》みとります。

かんがえてみよう

1　サリバン先生《せんせい》のよいところは、どのようなところでしょうか。

2　ヘレン・ケラーのよいところは、どのようなところでしょうか。

3　わたしたちの　みのまわりに、しょうがいをもった人たちのために、どのような　くふうがしてあるでしょうか。

ヘレンケラーとサリバン先生

りんじんを　あいしなさい

―はせがわたもつさんのいっしょう―（隣人愛）

「りんじんを、自分《じぶん》のように、あいしなさい。」（マタイによるふくいんしょ　二二・三九）

ブラジルにいみんして、大《おお》きなコーヒーのうえんを作《つく》り、大《おお》がねもちになろう、と思《おも》っていたせいねんがいました。二二才《にじゅうにさい》の長谷川保《はせがわたもつ》さんといいます。しずおかけん　はままつ市《し》の人《ひと》でした。いみんするための学校《がっこう》に入《はい》って、じゅんびをはじめました。クリーニングや、パンや、とこやの三《みっ》つの中《なか》から一《ひと》つを学《まな》びます。この三《みっ》つは、せかいじゅう　どこへ行《い》っても、すぐに、しごとをみつけることができるからでした。はせがわさんは、クリーニングぎじゅつをえらんで、東京《とうきょう》で二年間《にねんかん》のくんれんをうけました。

この学校《がっこう》は、キリスト教《きょう》の学校《がっこう》で、まいにち、聖書《せいしょ》の話《はなし》がありました。はせがわさんは、聖書《せいしょ》の話《はなし》にすっかりむちゅうになりました。

「外国《がいこく》に行《ゆ》かないで、日本《にほん》で、イエスさまのように生《い》きて、人《ひと》のためにはたらきたい。」

そう思《おも》って、はままつ市《し》に帰《かえ》り、いっしょに学《まな》んだ友《とも》だちや、じもとのクリスチャンのともだちといっしょに、クリーニング店《てん》をはじめました。お店《みせ》の名前《なまえ》を「聖隷社《せいれいしゃ》」としました。ヨハネによるふくいんしょ　だい一三しょうに、キリストがどれいのようになって、でしたちの足《あし》を洗《あら》ったことが書《か》いてあります。

「イエスは、たらいに水《みず》をくんで、でしたちの足《あし》を洗《あら》い、こしにまとった手《て》ぬぐいで、ふきはじめられた。」(ヨハネによるふくいんしょ　一三・五)

はせがわさんとなかまの人《ひと》たちは、イエスをまねて、人々《ひとびと》のどれいのようになって、人々《ひとびと》のために、はたらきたいと考《かんが》えました。

クリーニング店《てん》には、自分《じぶん》たちの手作《てづく》りの　お金《かね》を入《い》れておく、はこがありました。もうけたお金《かね》をぜんぶそこに入《い》れ、ひつようなお金《かね》を、かってにもち出《だ》してよい、きまりにしました。

町《まち》の人《ひと》たちには、

「なんでも、こまったことがあったら、そうだんしてください。こまった人《ひと》がいたら、たすけますよ。」

「クリーニングのしごとも、おわすれなく」

と、言《い》いました。

さいしょにたのまれたしごとは、行きだおれて、しんだ人《ひと》のそうしきをしてやってくれ、というものでした。それでしんだ人《ひと》の体《からだ》をきれいにして、かんおけにいれて、ぼちにはこび、聖書《せいしょ》を読《よ》んで、おいのりして、ほうむりました。

しばらくして、くわはらしょうじという青年《せいねん》が、お父《とう》さんにつれられてきました。

「わたしはこの子《こ》の父親《ちちおや》です。この子《こ》はけっかく（注１）にかかり、しごとをなくしました。わたしはこの子《こ》のために家《いえ》をかりて、一人《ひとり》でりょうようさせていたのですが、びょうきのことがわかると、おい出《だ》されました。もう十数回《じゅうすうかい》も、おいだされ、この小《ちい》さな五尺《ごしゃく》（注２）の体《からだ》を天地《てんち》の間《あいだ》に入《い》れてやるところがないのです。」

お父《とう》さんは、なみだを、ぽろぽろながしながら、話《はな》しました。

「わかりました。きょうから、ここにねとまりしてください。」

はせがわさんや、なかまたちは、すんでいた小屋《こや》のような家《いえ》のなかで、いちばんよいへやを、しょうじくんのへやにして、ねかせました。「りんじんを、自分《じぶん》のように、あいしなさい」（マタイ二二・三九）というイエスの教《おし》えを、じっこうしました。

そのころ日本中《にほんじゅう》に、けっかくかんじゃが、一五〇万人《ひゃくごじゅうまんにん》、しぬ人《ひと》が、まいとし一三万人《じゅうさんまんにん》もいました。「うつる」といううわさで、だれも、ちかよりませんでした。ほんとうは、たんからでんせんし、空気《くうき》でんせんはありませんでした。ですから、たんだけに、ちゅういすれば、よかったのです。しかし、かんじゃの多《おお》くは、自分《じぶん》の家《いえ》のにわにある、ものおき小屋《ごや》のようなところで生活《せいかつ》し、しょくじを、はこんでもらっていました。でも、そういう人《ひと》は、まだいいほうでした。早《はや》くびょうきがすすみ、しんでくれるのを、まっていたかぞくすらいました。びょういんが、少《すく》なかったのです。

うわさを聞《き》いて、はままつ市の外《そと》からも、けっかくかんじゃが来《き》ました。クリーニングせいれいしゃの人たちは、自分《じぶん》たちがかせぐ、わずかなお金《かね》で、すべてのびょうにんを、うけ入《い》れました。あるせいねんは、ほっかいどうから、一人《ひとり》で来《き》ました。ついた日《ひ》に、たくさんのちを、はきました。ちをはくのが、このびょうきの、とくちょうでした。三日目《みっかめ》になくなりました。かぞくに、れんらくしたのですが、ようやく五日目《いつかめ》に、おかあさんが、ほっかいどうから来《き》ました。いたいは、すでにくさりはじめていました。しかし、お母《かあ》さんは、むすこが、家出《いえで》して、どこへ行《い》ったかわからず、ここであたたかく、しをむかえたことを知《し》り、くさりかけている、むすこの顔《かお》に、ほおずりをして、よろこびました。

さいしょに来《き》た、くわはらしょうじさんは、なくなる少《すこ》し前《まえ》に、

「ぼくは、もうすぐ天国《てんごく》に行《ゆ》きます。はっきりした　いしきで、イエスさまのじゅうじかのくるしみを、ぼくもあじわって、天国《てんごく》に行《ゆ》きたいので、もう、いしきを、もうろうとさせるちゅうしゃは、うたないでください」

と、たのんで、もうれつにくるしみ、そして、なくなりました。いしゃが、モルヒネをうとうとしても、それをことわりました。まわりにいる人《ひと》たちは、そのすがたに、かんどうしました。かれは、まわりにいる人《ひと》たちの名《な》をよんで、「ありがとう。さようなら。また天国《てんごく》で」と言《い》ってなくなりました。お父《とお》さんは、「しょうじは、よろこんで、天国《てんごく》に行《ゆ》きました。イエスさまと、おなじ、へいわの　ロバの子《こ》に、のってね」と、言《い》ってかんしゃしました。


びょうにんようの小屋《こや》は、いくつも建てましされました。多《おお》くのびょうにんが、やってきました。はせがわさんとおくさん、なかまの人《ひと》たちが、こうたいで、せわをしました。はせがわさんのお母《かあ》さんや、きんじょのおいしゃさんも、たすけてくれました。うわさを聞《き》いて、ぜひ、きょうりょくしたいと言《い》って、来《き》てくれた　かんごふさんも、いました。はたらいている人たちは、長谷川さんをふくめ「ほうししゃ」といいました。ほうししゃたちは、まず、かんじゃに、しょくじをさせ、

そののこりものを、ぞうすいにしてたべていました。かんごふさんたちの　白《はく》いは、シーツをあらって、そのぬので作《つく》りました。そのような　まずしさの中《なか》で、かんじゃのためにつくしました。

「あなたがたは、けっかくの人《ひと》たちの、せわをしているんだってね。それはりっぱなことだが、うつされては、たまらんから、出《で》ていってくれ。」

そういわれて、せいれいしゃの人《ひと》たちは、人《ひと》があまり　すんでいない　空《あ》き地《ち》をさがしてひっこししようとしましたが、ひっこす前《まえ》にバレてしまい、できませんでした。ようやく、ひっこししても、またすぐにバレてしまい、またひっこしました。

はせがわさんは、はままつ市《し》の北《きた》の方《ほう》の、山《やま》にちかいところに、二万《にまん》つぼという、大《おお》きな土地《とち》を買《か》おうとしました。かがわとよひこ　というぼくしさんにそうだんして、「一《ひと》つぼ　けんきん　うんどう」というのをはじめました。一人《ひとり》の人《ひと》が、一つぼを買《か》う　けんきんをしてくだされば、二万《にまん》人《にん》の人《ひと》のけんきんで買《か》えます。ぜんこくのクリスチャンや地元《じもと》の人《ひと》たちも、きふをしてくれて、二万一千《にまんいっせん》つぼの土地《とち》を三方原《みかたはら》というところに買《か》いました。

ここでも、また、はんたいうんどうが、おこりました。あまりにはげしい　はんたいにあい、もうこれまでとあきらめたときに、てんのうへいかから、きふきんが、おくられてきました。しょうわ一四年《ねん》（一九三九年《ねん》）のクリスマス、一二月《がつ》二五日《にち》のことでした。そのじだい、てんのうへいかが、きふするような　だんたいに、はんたいすることは、だれもできません。はんたいうんどうは、やみました。それだけではなく、いろいろな人《ひと》が、きふしてくださり、びょういんを　作《つく》ることができました。

長谷川さんたちは、無所有《むしょゆう》（生活《せいかつ》ようひんいがいは、なにももたないこと）、無報酬《むほうしゅう》（きゅうりょうをもらわないこと）のかつどうを、ながくつづけました。しかし、しゃかいがゆたかになり、びょういんができ、しせつができるようになり、無所有《むしょゆう》・無報酬《むほうしゅう》のきまりをなくしました。日本の国が、ふくしを大切にする国になってきたのも、はせがわさんたちの、このようなはたらきが、あったからでした。はせがわさんたちは、日本でさいしょの、とくべつようごろうじんホームやホスピスも作りました。

はせがわたもつさんは、そのご、こっかいぎいんに　七回《ななかい》もえらばれ、生活《せいかつ》ほごほう、というほうりつを、作るためにはたらきました。一九九四年四月二九日に、自分《じぶん》たちが、たてた、びょういんの、よこにある小《ちい》さな家《いえ》で九〇才でなくなりました。この人《ひと》には、おはかがありません。自分《じぶん》の体《からだ》を、けんきゅうのために、けんたいしたからです。さらに、そのあと、ほねを、「こっかく　ひょうほん」にして、今《いま》でも、かんごを学《まな》ぶ人《ひと》たちのために、てんじしています。自分《じぶん》のすべてを、イエスのためにささげた人《ひと》でした。

長谷川保

（注1）はいのびょうき「けっかくしょう」のこと。たんなどで　でんせんする。
（注2）むかし日本でつかわれていた、ながさのたんい。一尺《しゃく》は、やく三三センチ。

かんがえてみよう

1　「りんじんを、自分《じぶん》のようにあいしなさい」（マタイ　二二・三九）というイエスの教《おし》えを、はせがわたもつさんたちは、どのような行《おこな》いで、あらわしたでしょうか。

2　りんじんを、あいするために、わたしたちは、どのようなかくごが、ひつようでしょうか。

著者紹介

鈴木崇巨（すずき　たかひろ）

一九四二年、三重県生れ。東京神学大学大学院、南メソジスト大学大学院、神学博士。
日本基督《きりすと》教団東舞鶴教会、田浦教会、頌栄《しょうえい》教会、ホイットニー記念合同メソジスト教会、聖隷《せいれい》クリストファー大学などの牧師を歴任《れきにん》。

絵・井上達夫、中臺愛梅、吉田ようこ

「教師用指導要領をご希望の方は、直接お申し込みください。
メール・アドレス　takahiro.chinohate@gmail.com」

小学一・二年

写真転載

◯ヘレン・ケラーとサリヴァン先生

『ヘレン・ケラーとアン・サリヴァン—愛と光への旅—』

ジョセフ・P・ラッシュ著　中村妙子訳　新潮社

写真提供

長谷川　俣　　高橋公雄

『なかよく　キリストきょう　どうとく　ふくどくほん』

しょうがっこう　一ねん、二ねん

なかよく

2017年11月30日　初版第1刷発行

著　者　鈴木崇巨

発行者　白井　隆之

発 行 所　燦葉出版社　東京都中央区日本橋本町4－2－11

電 話　03（3241）0049　〒103－0023

FAX　03（3241）2269

http://www.nextftp.com/40th_over/sanyo.htm

印 刷 所　株式会社ミツワ